Agent de police sur la patrouille
Livre de coloriage

Coloring Pages for Kids

Coloring Pages for Kids
An imprint of Ciparum LLC

Agent de police sur la patrouille Livre de coloriage
© 2017 Ciparum LLC
All rights reserved.
ISBN-10:1-63589-350-X
ISBN-13:978-1-63589-350-2

Coloring Pages for Kids

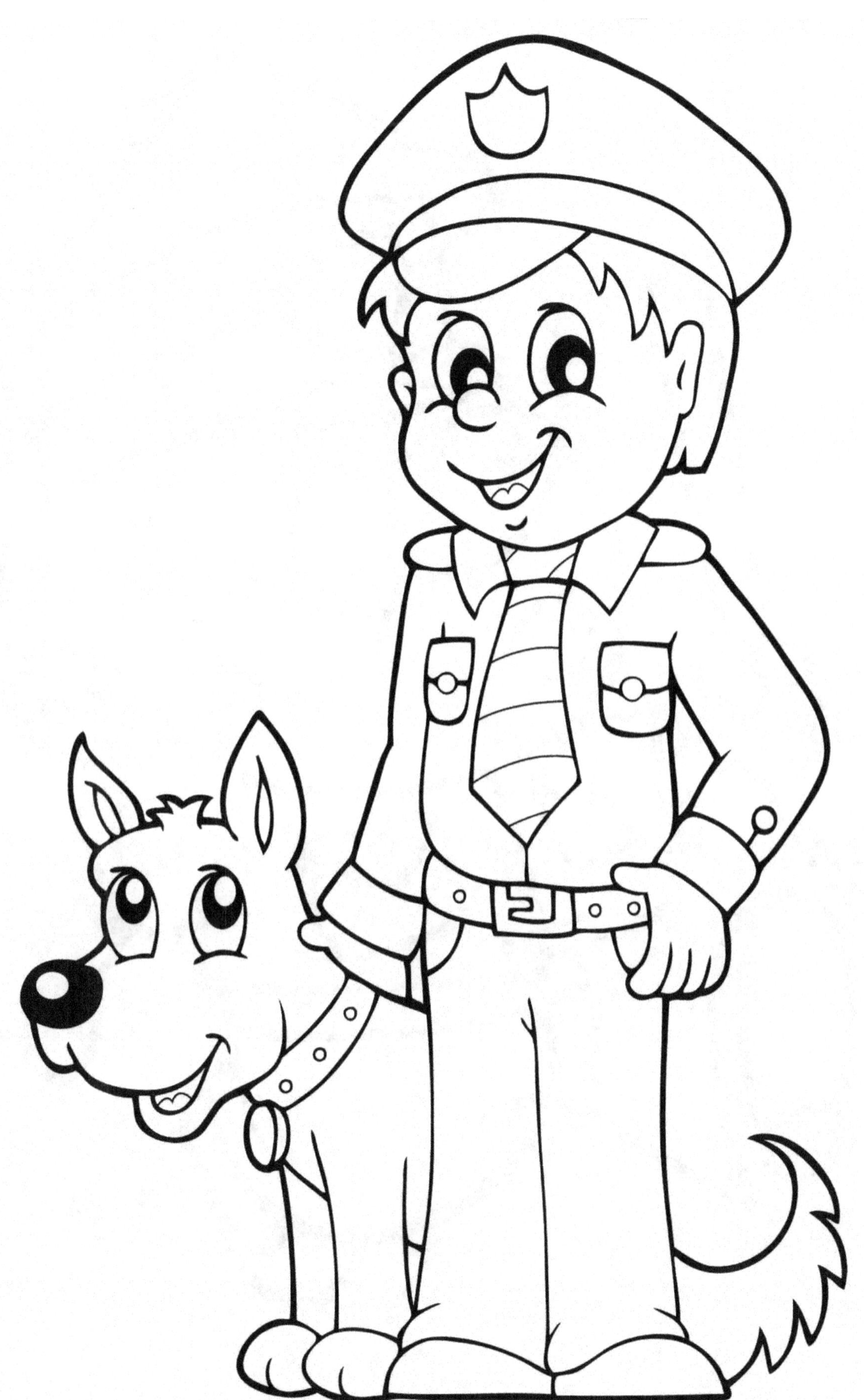

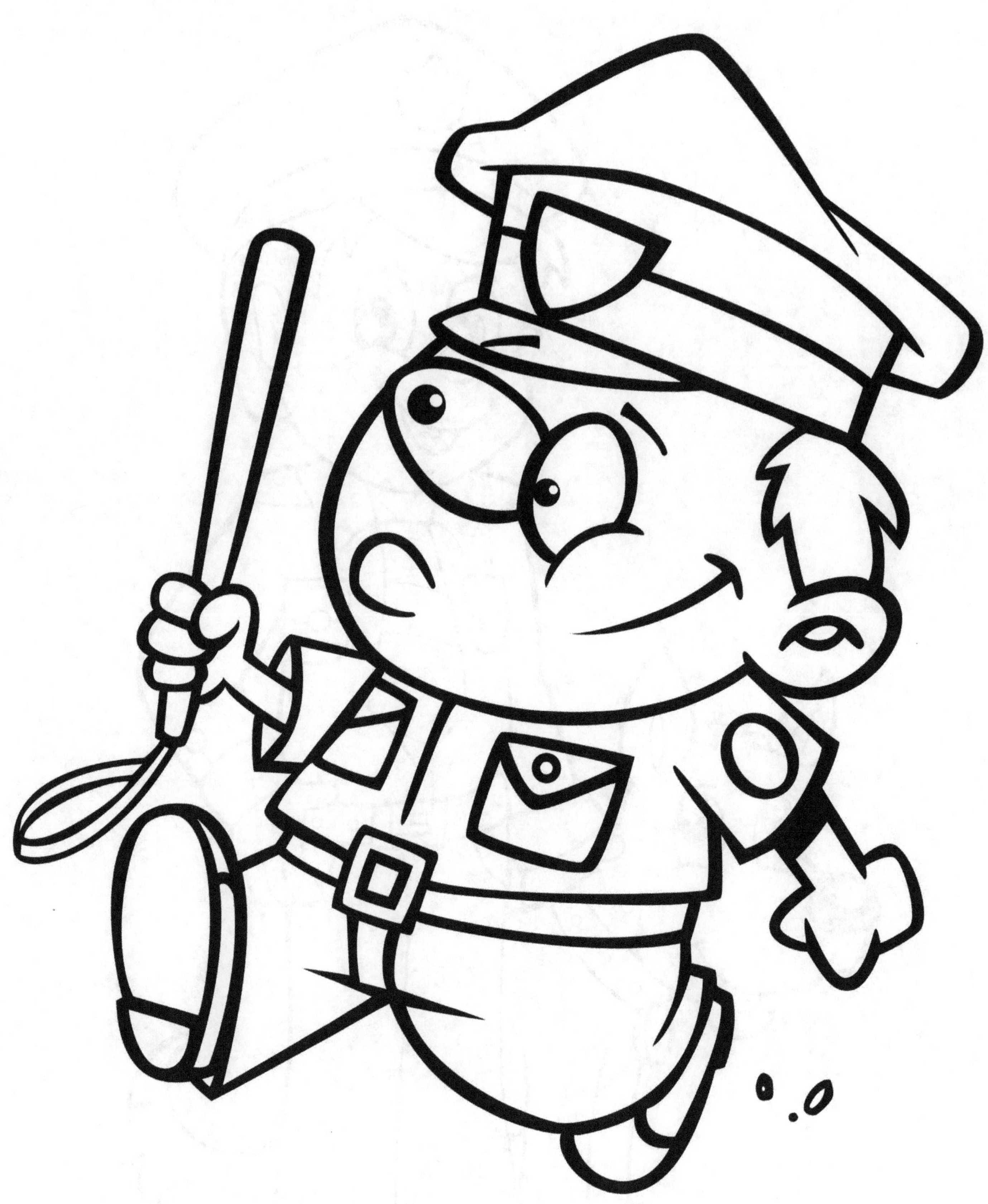

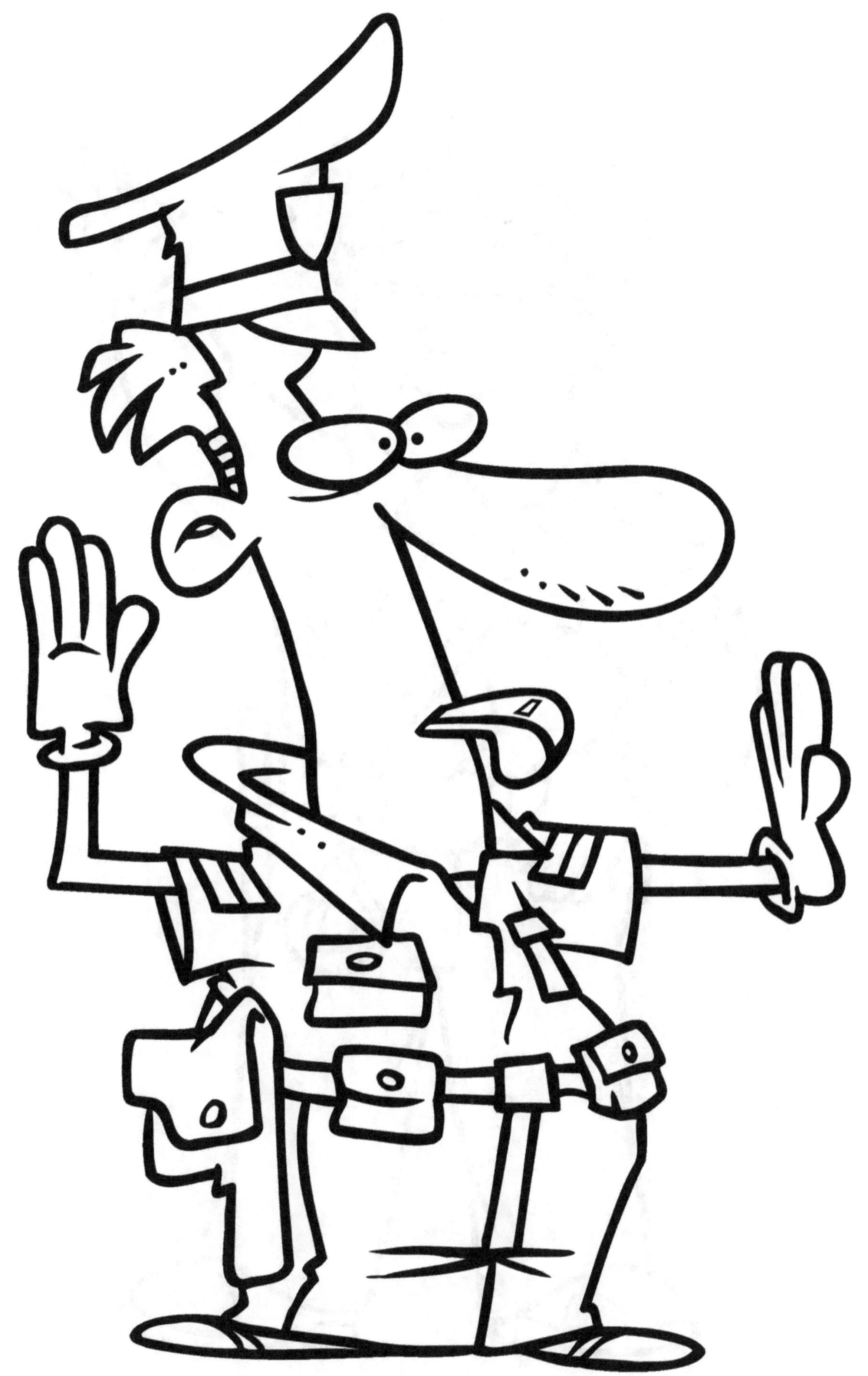

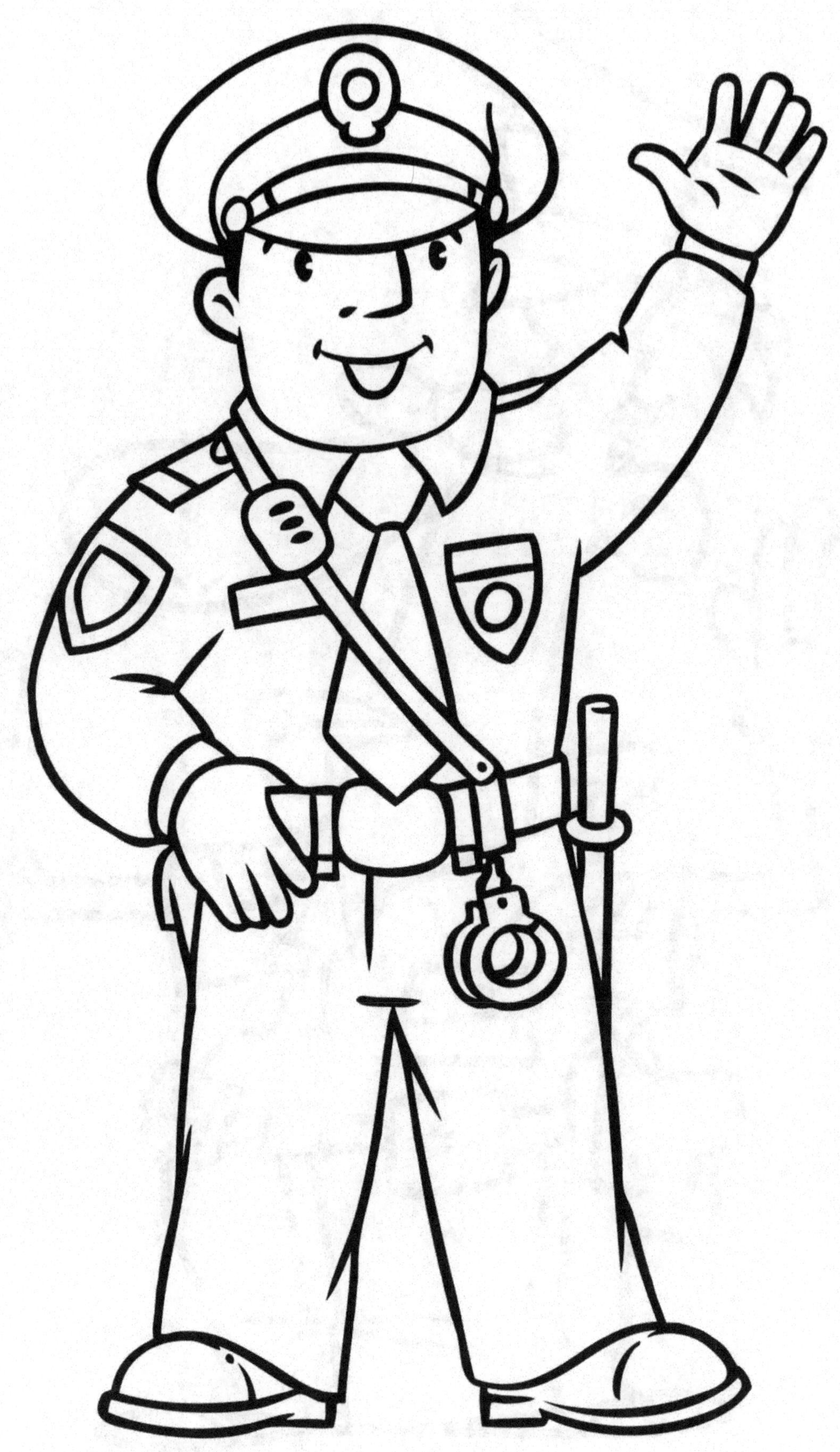

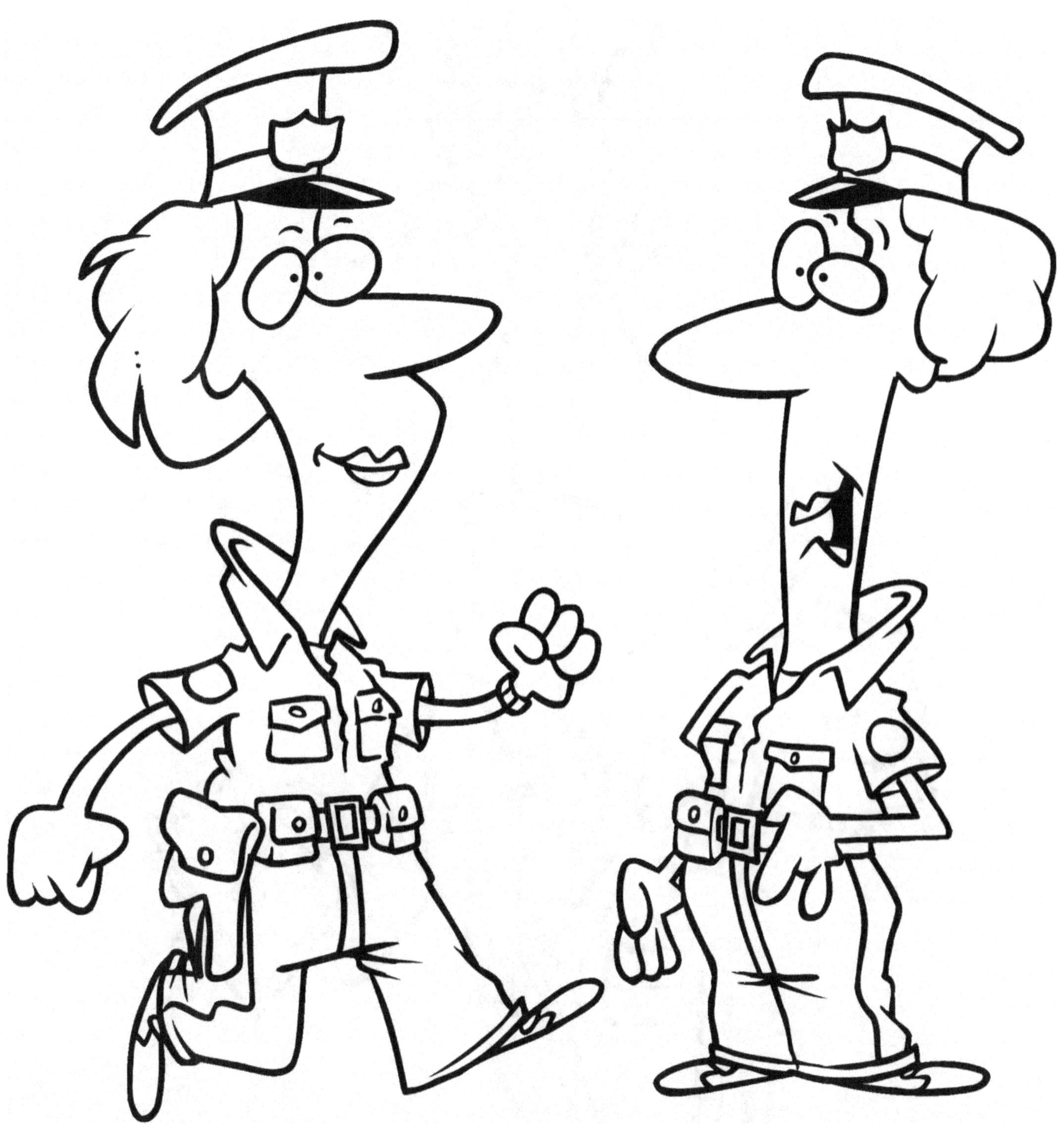

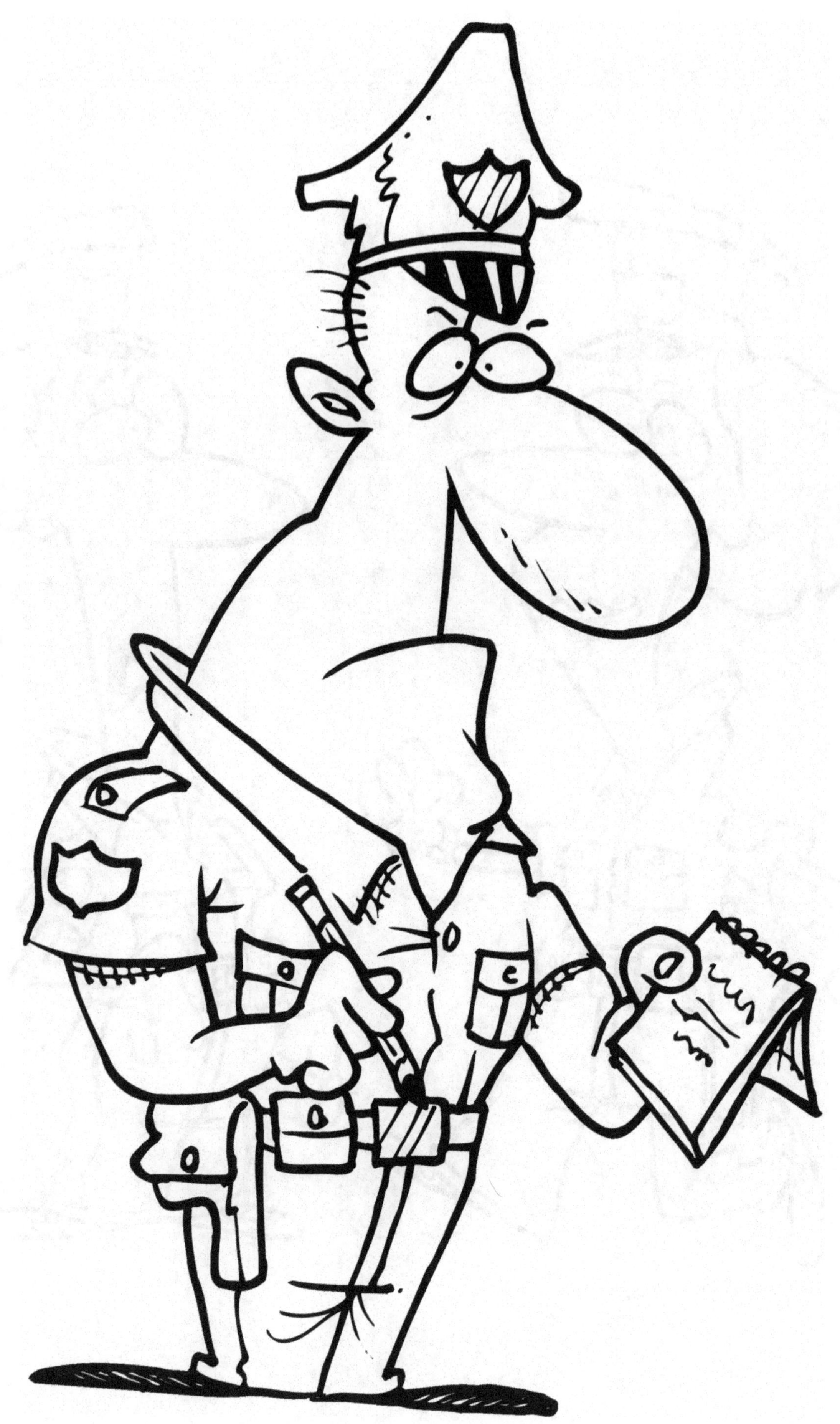

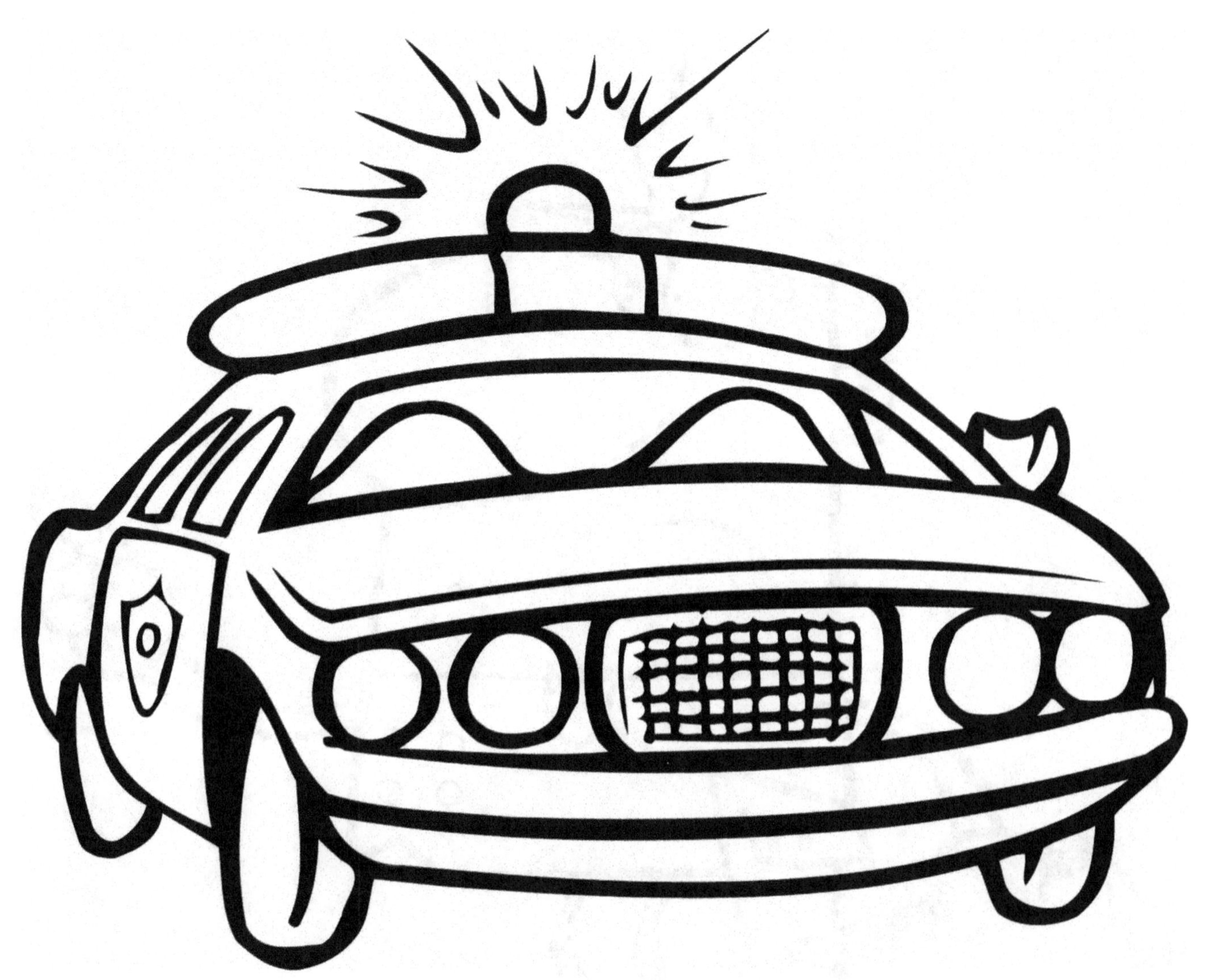

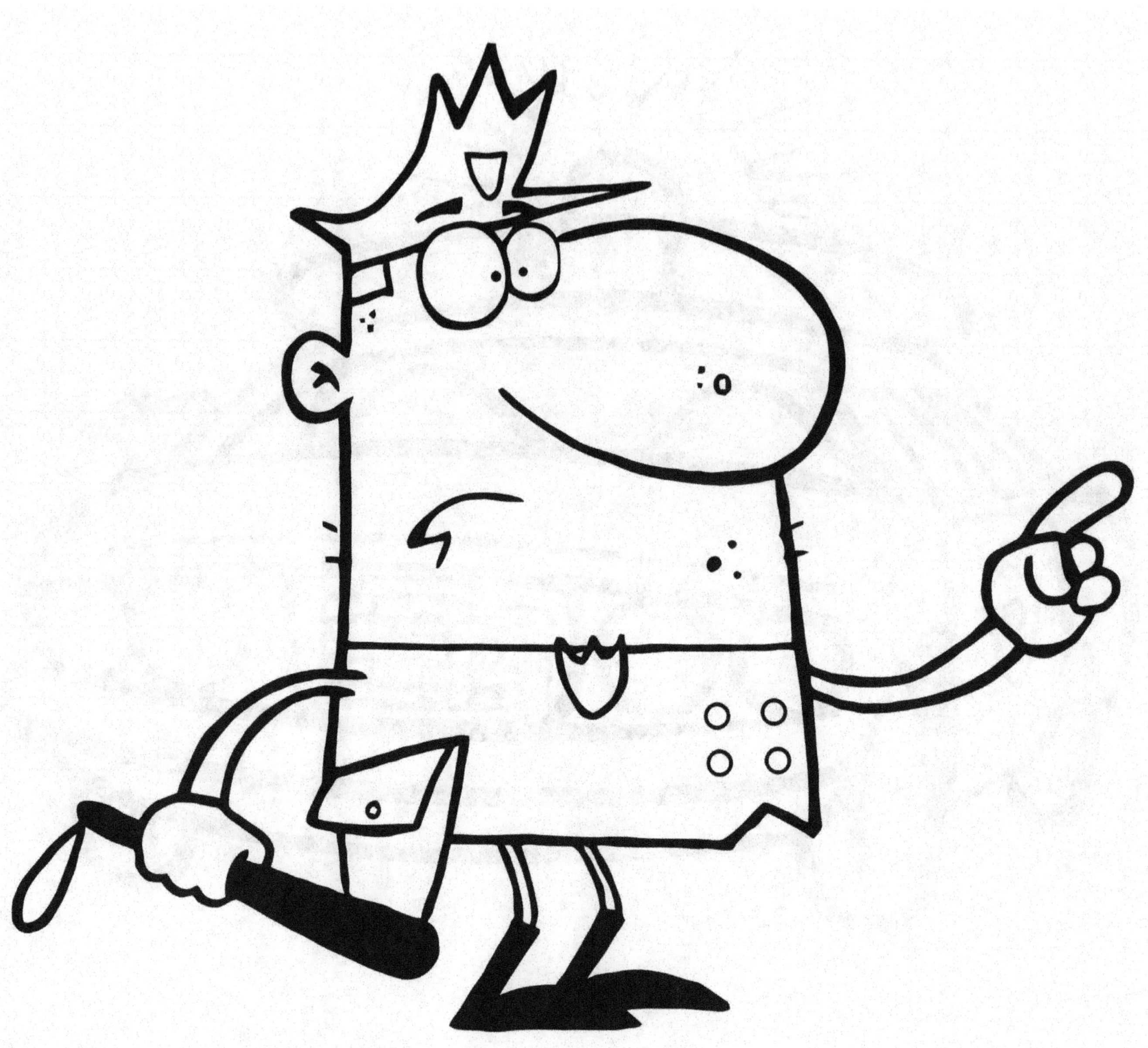

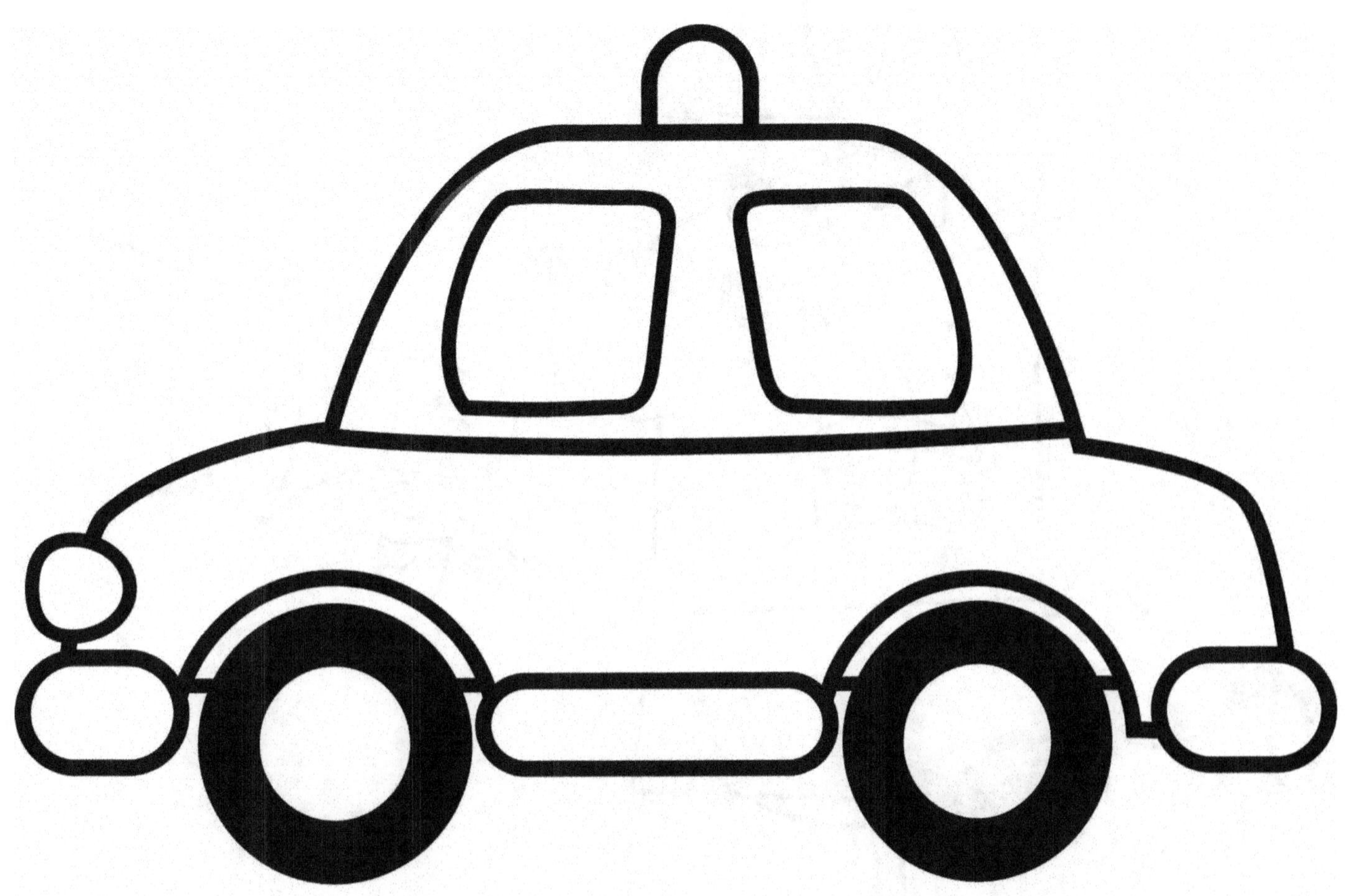

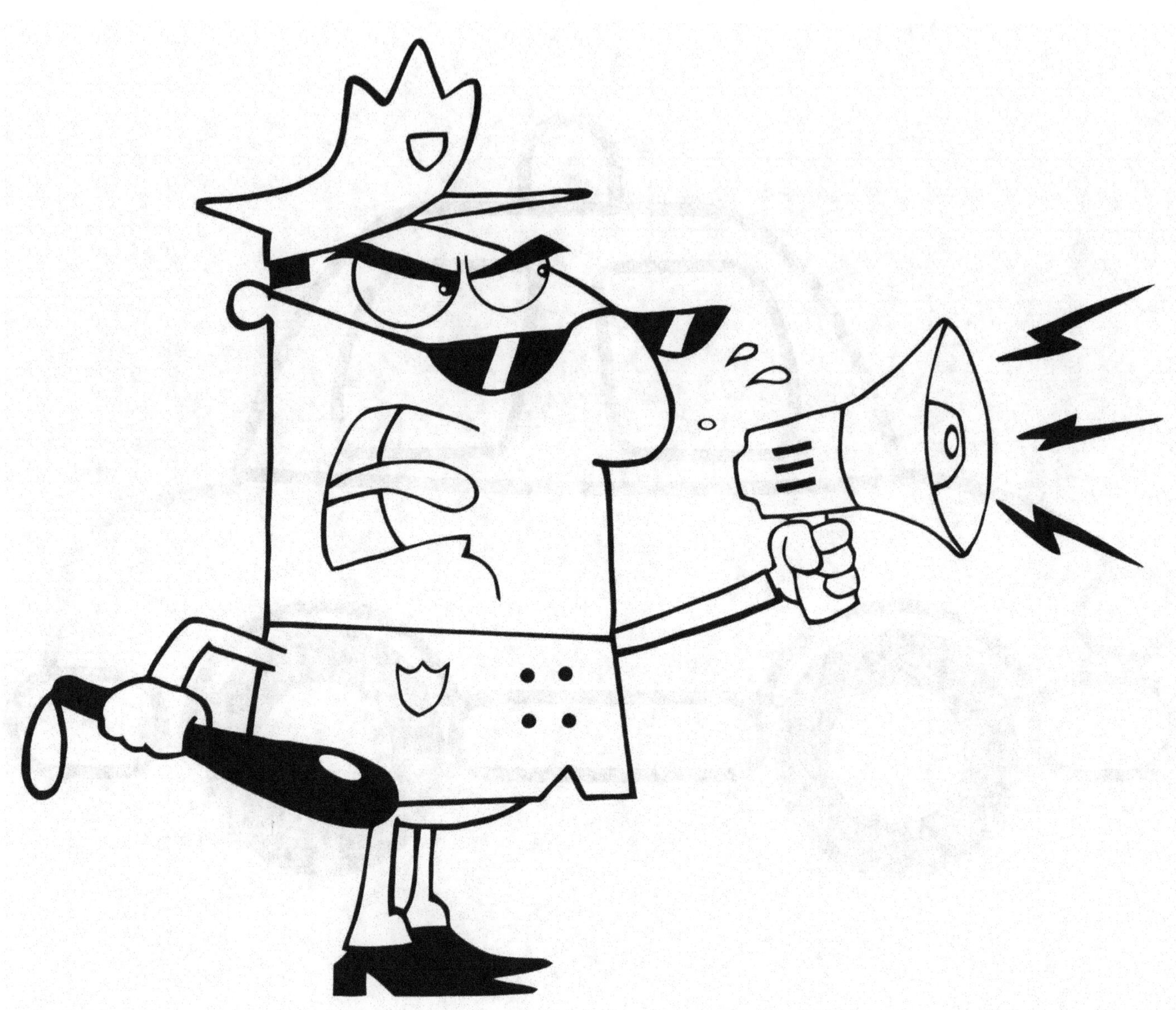

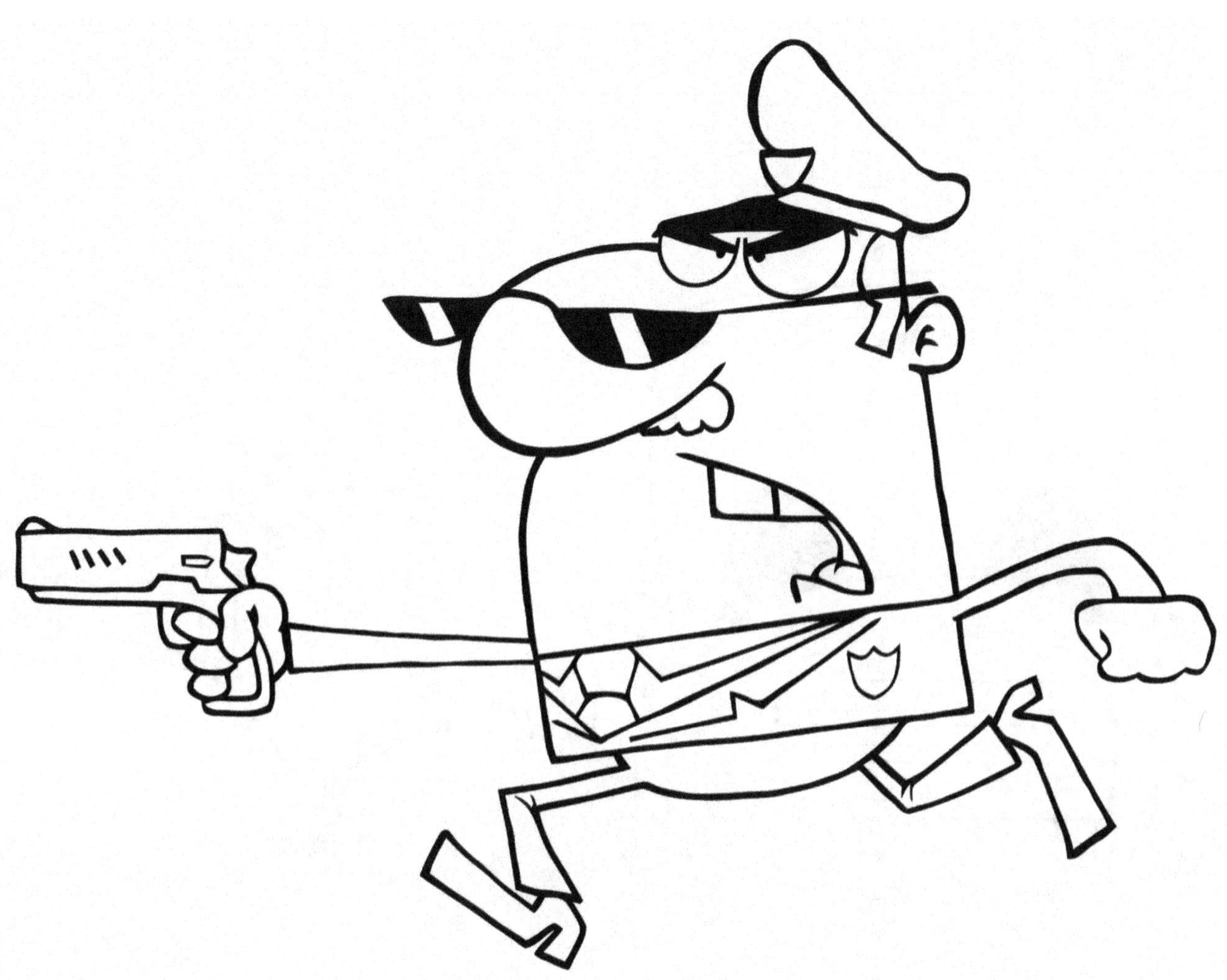

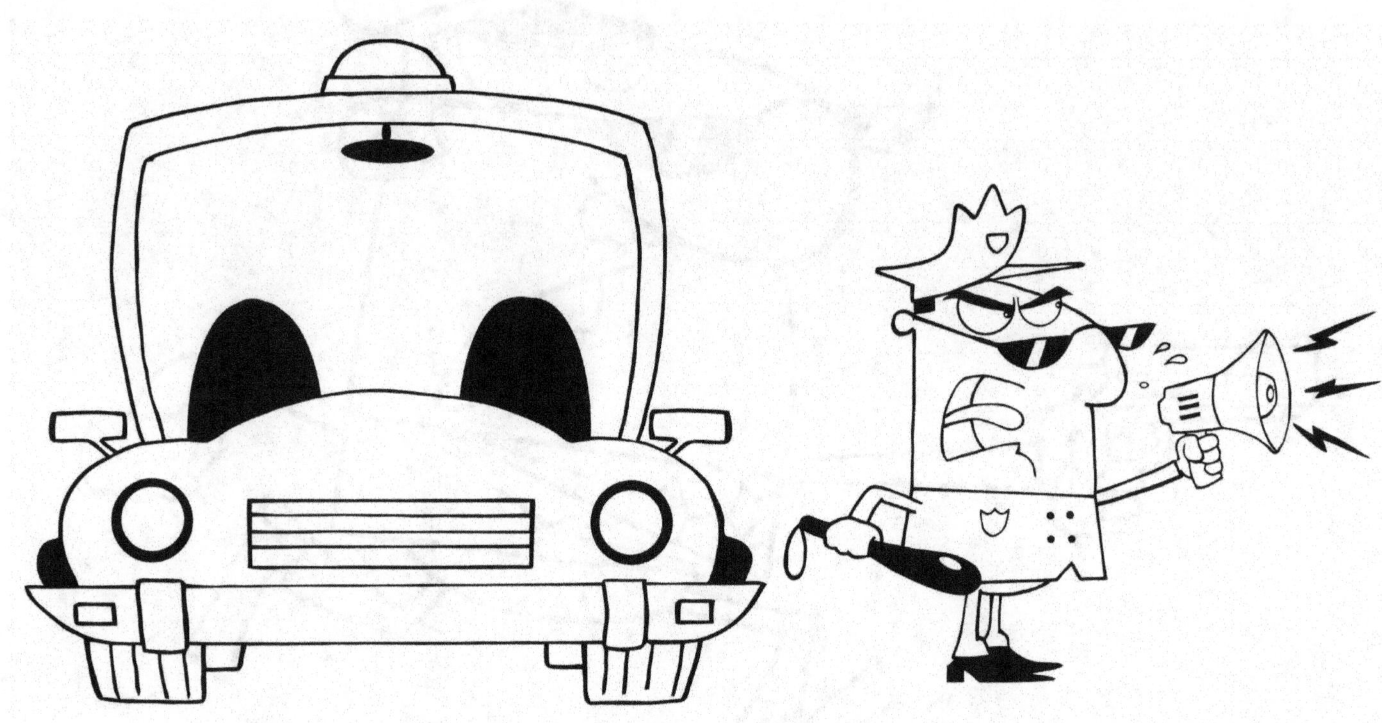

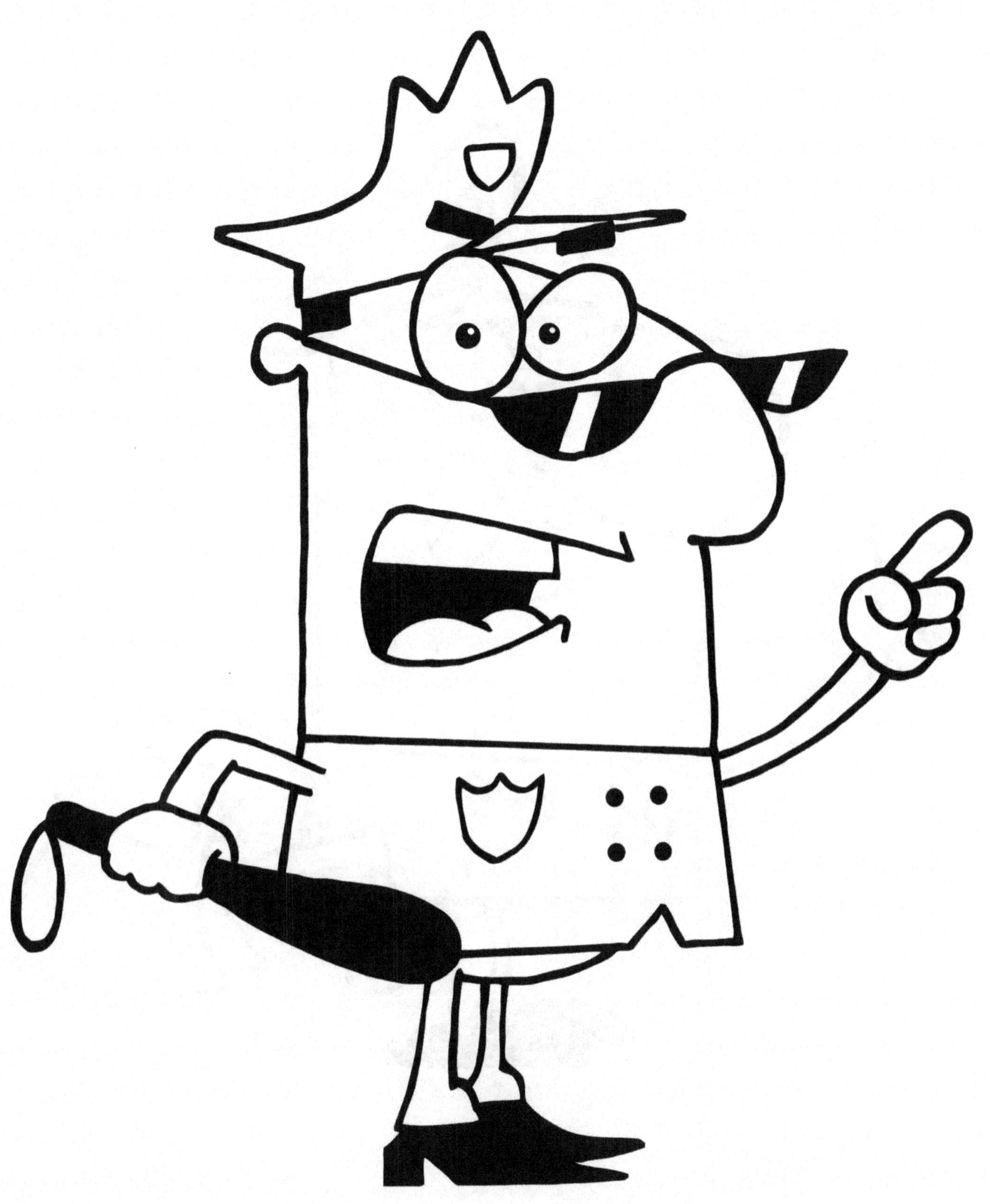

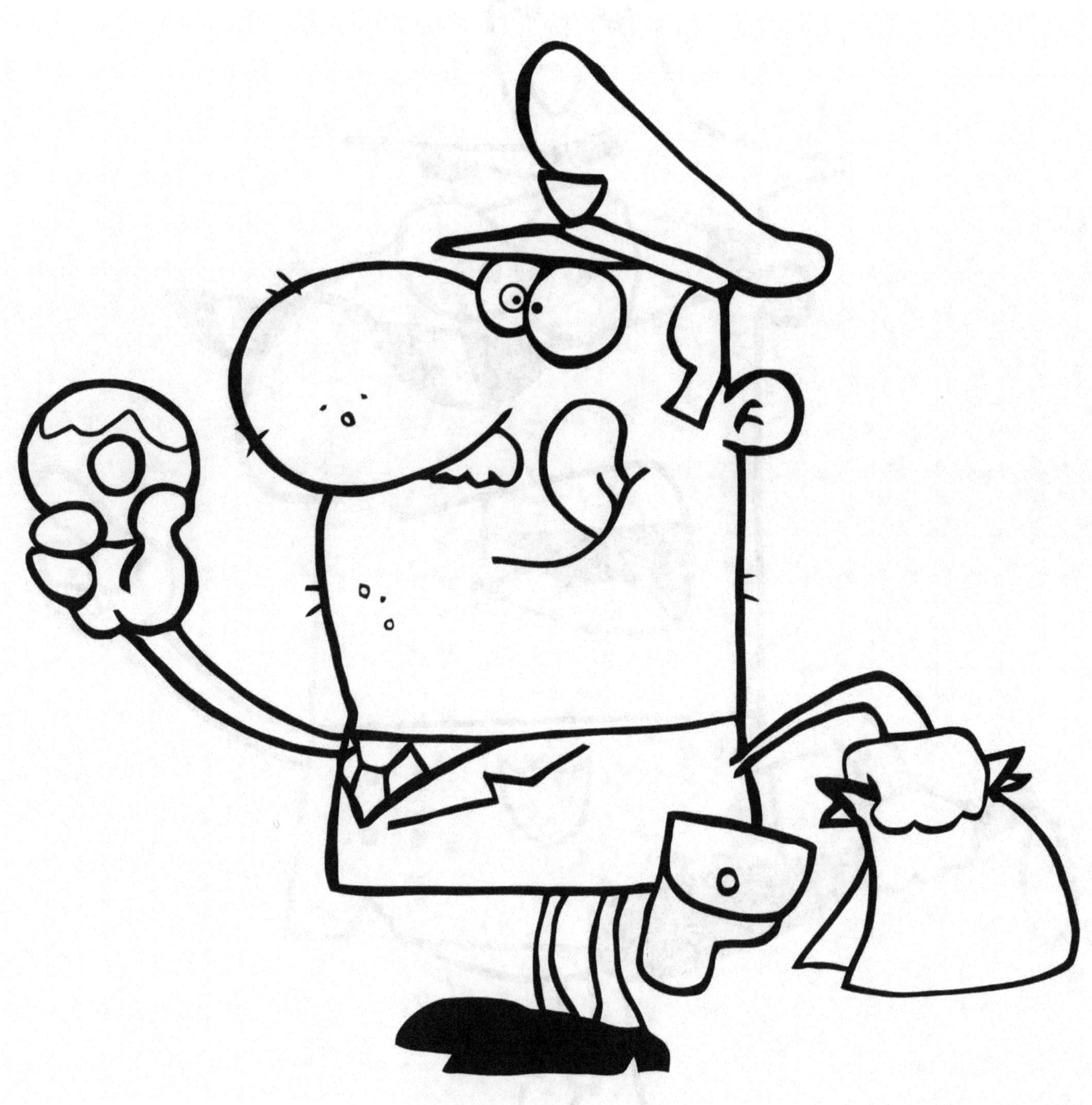

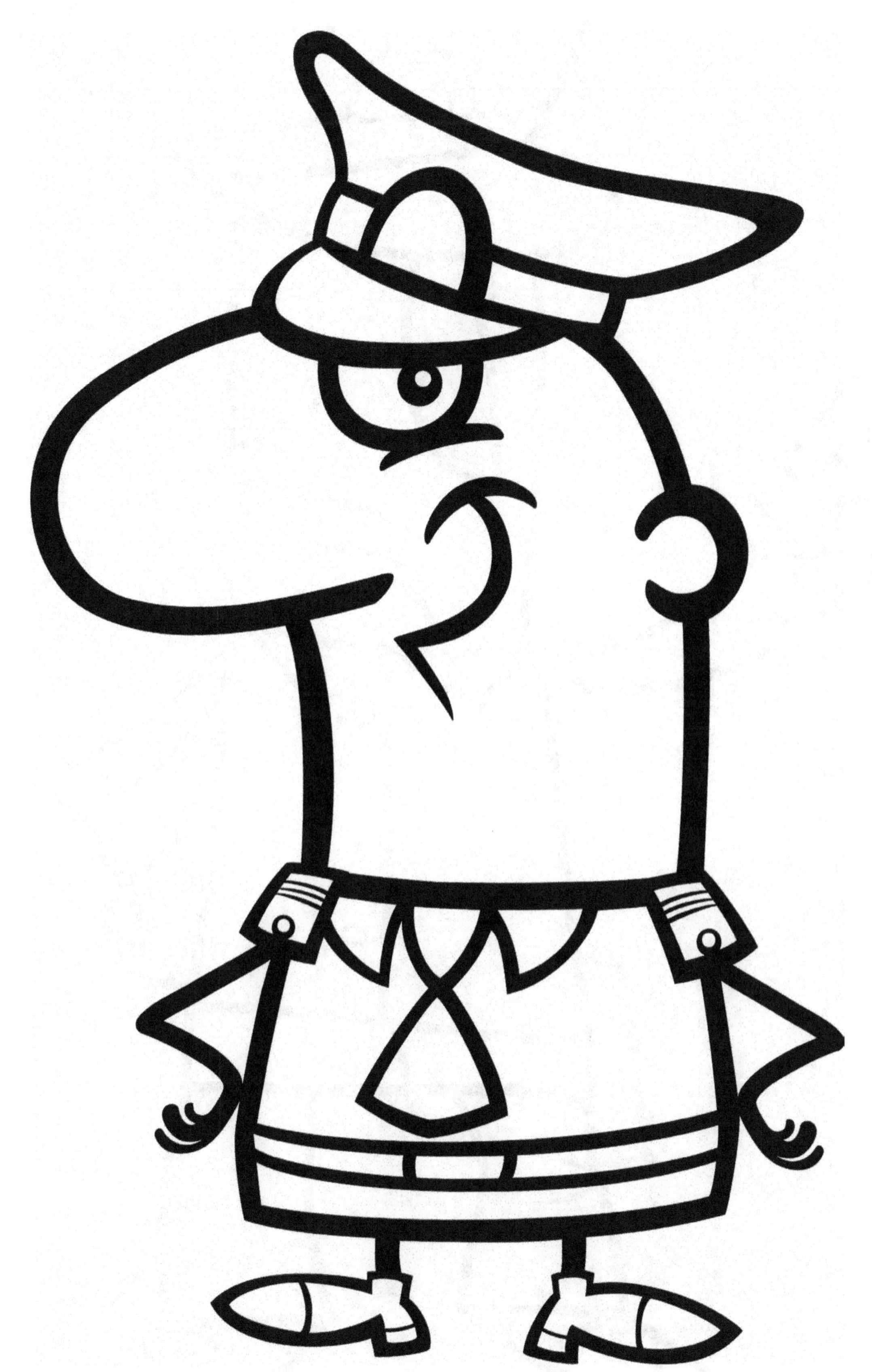

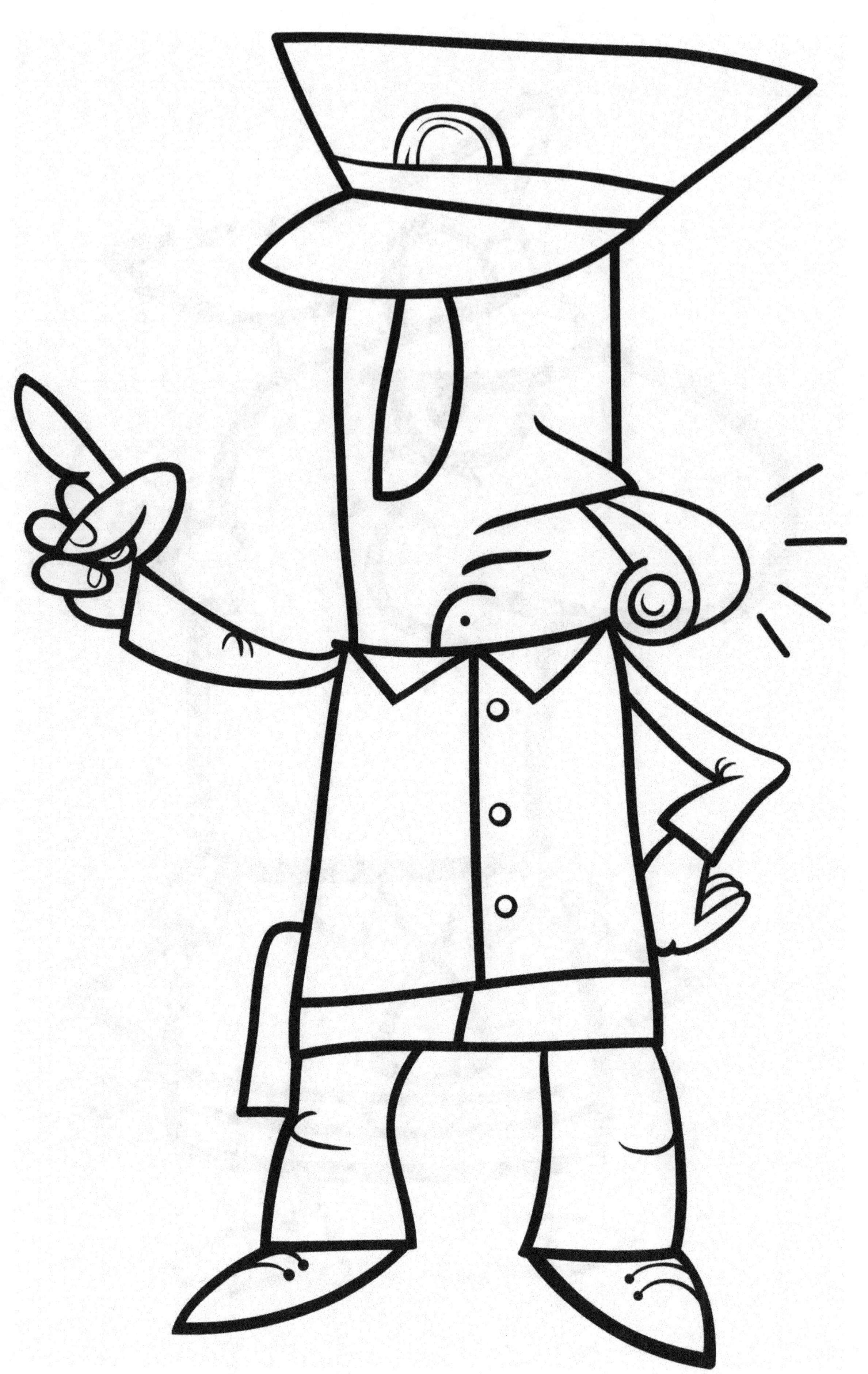

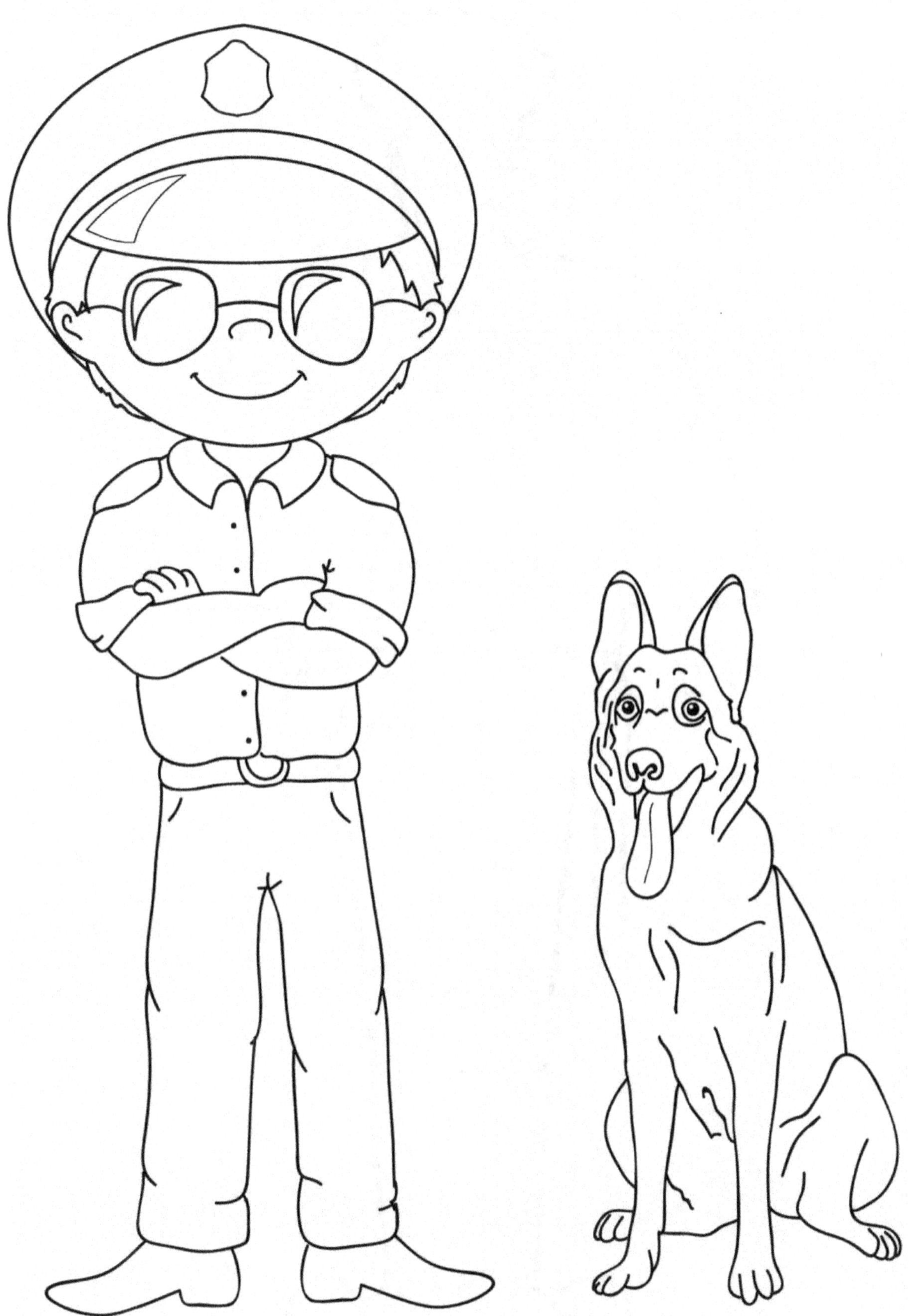

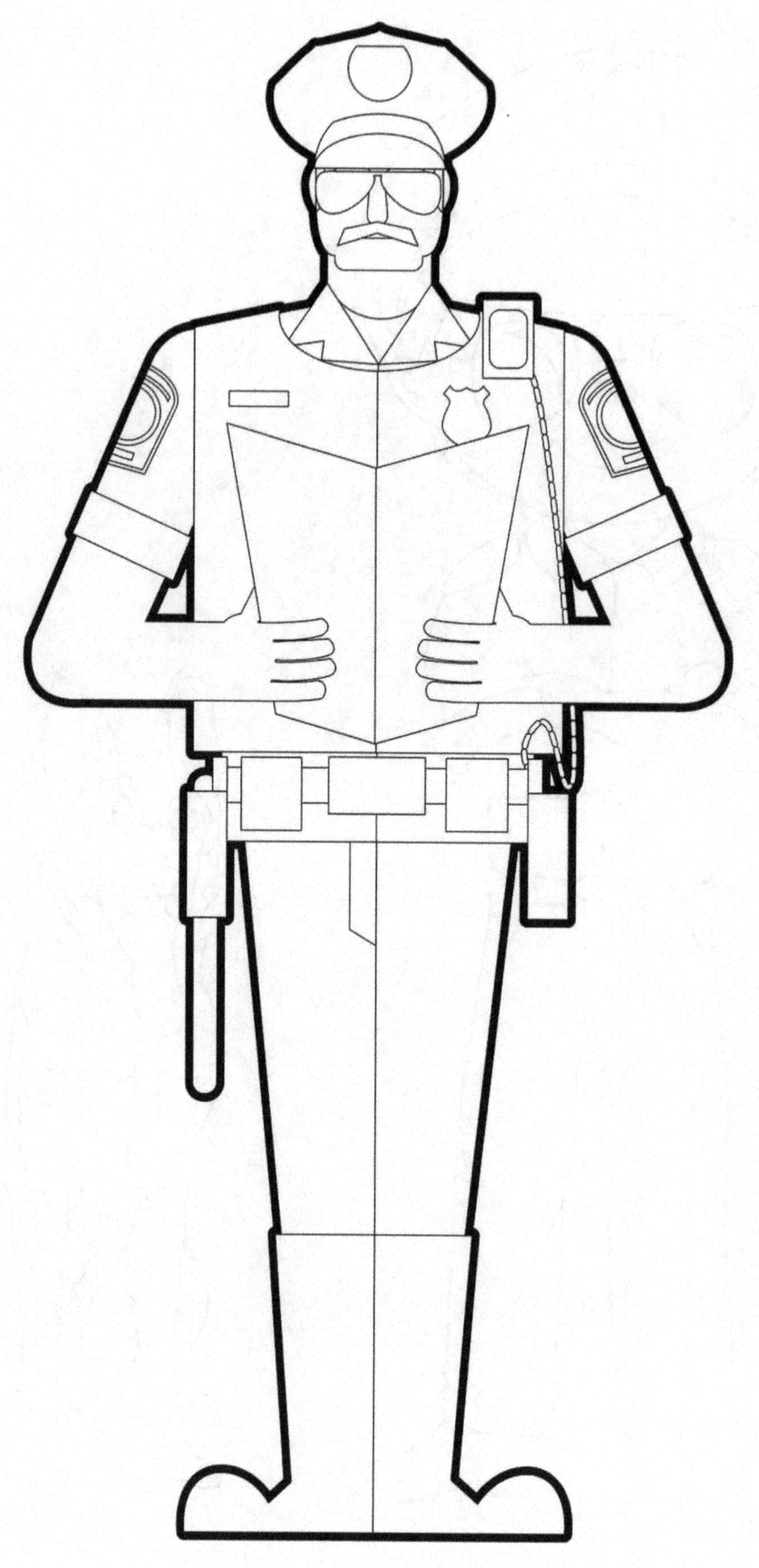

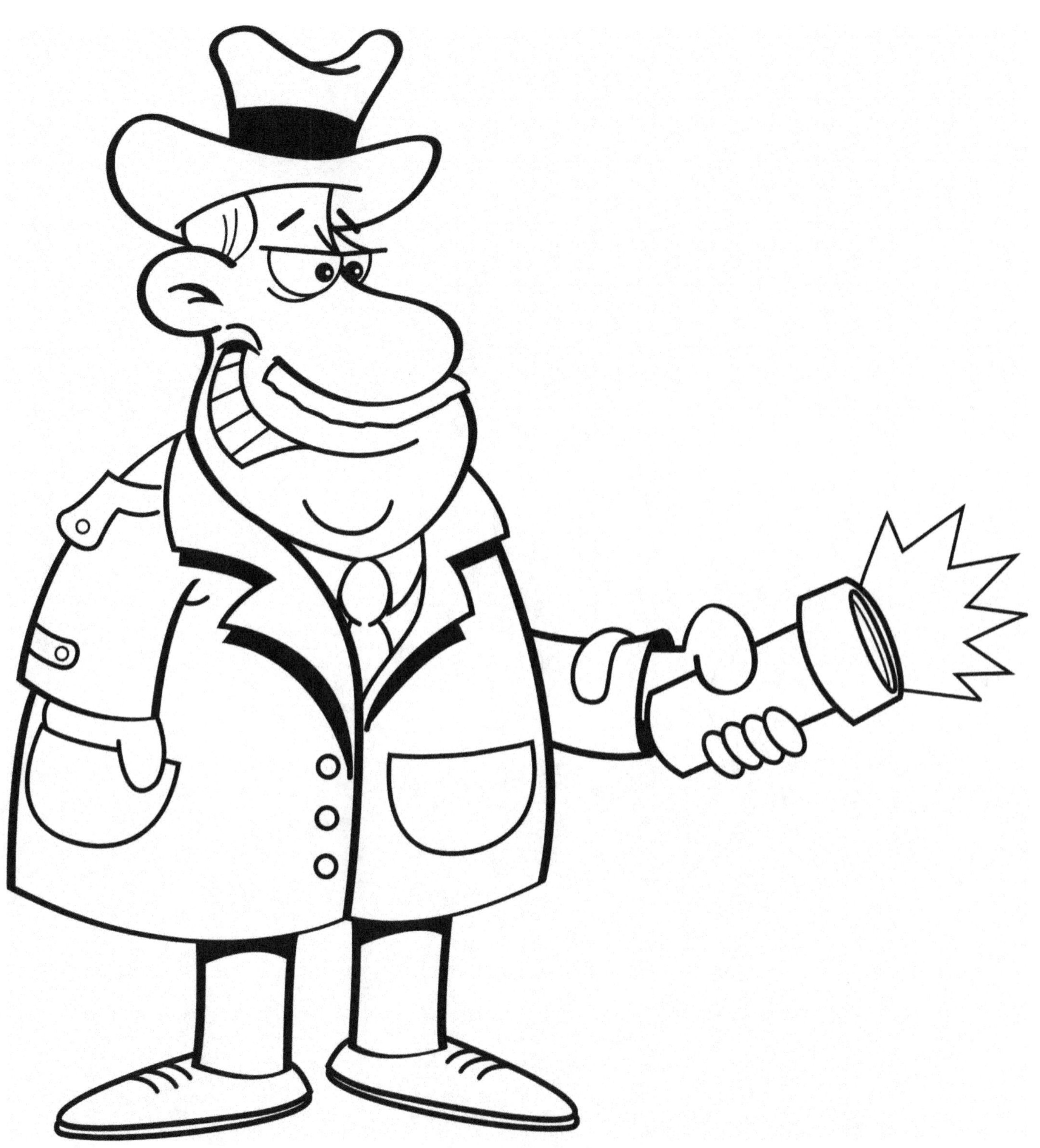

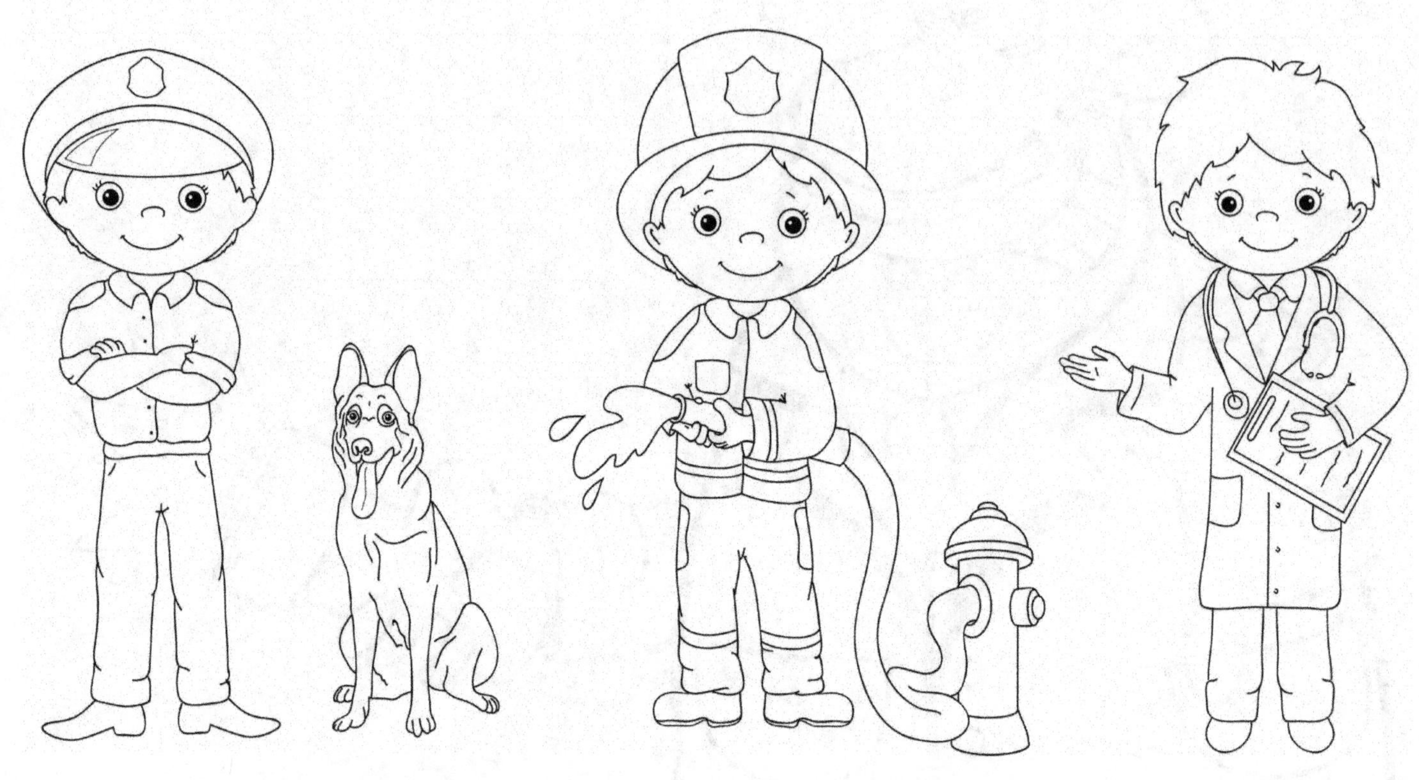

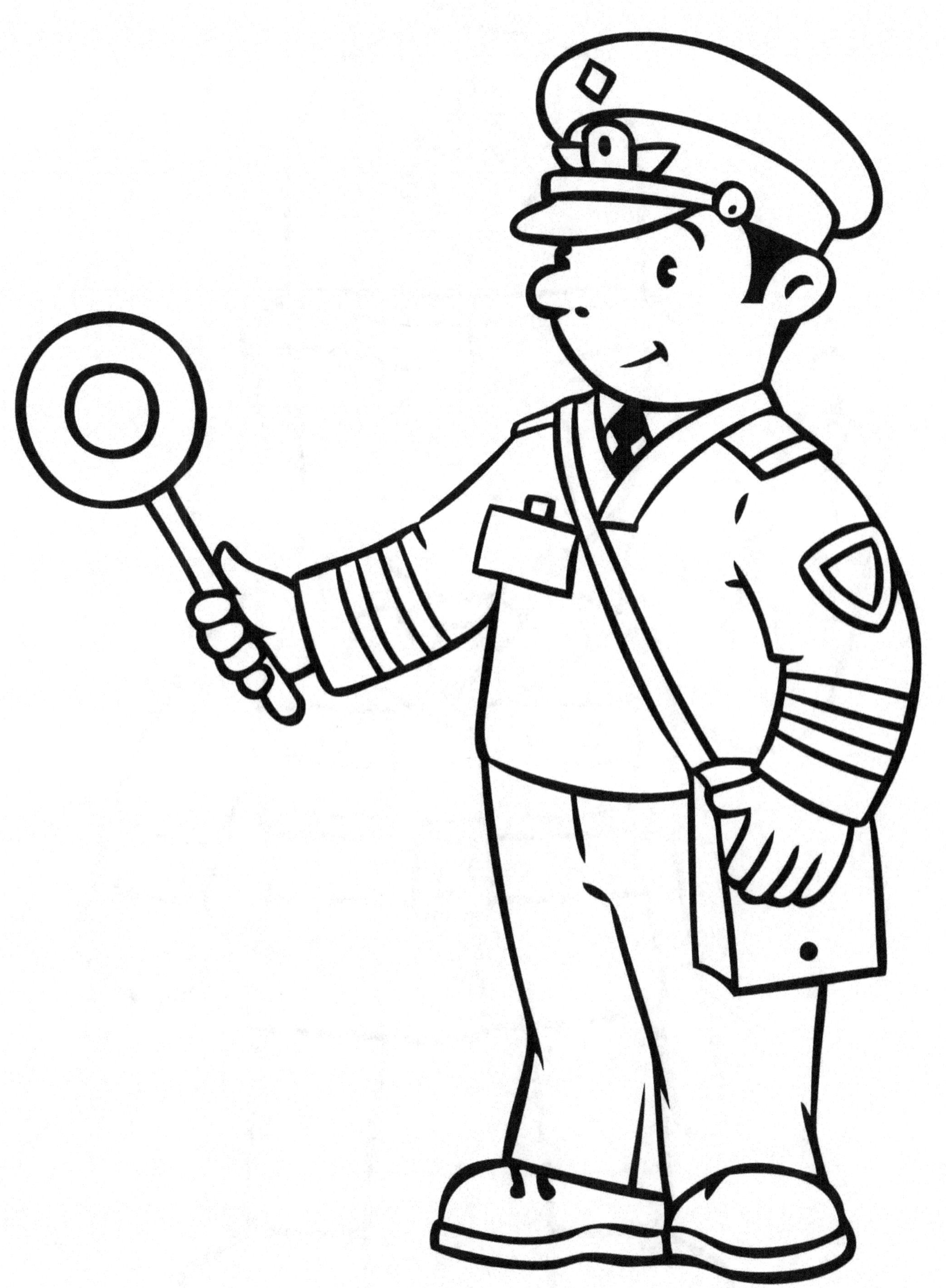

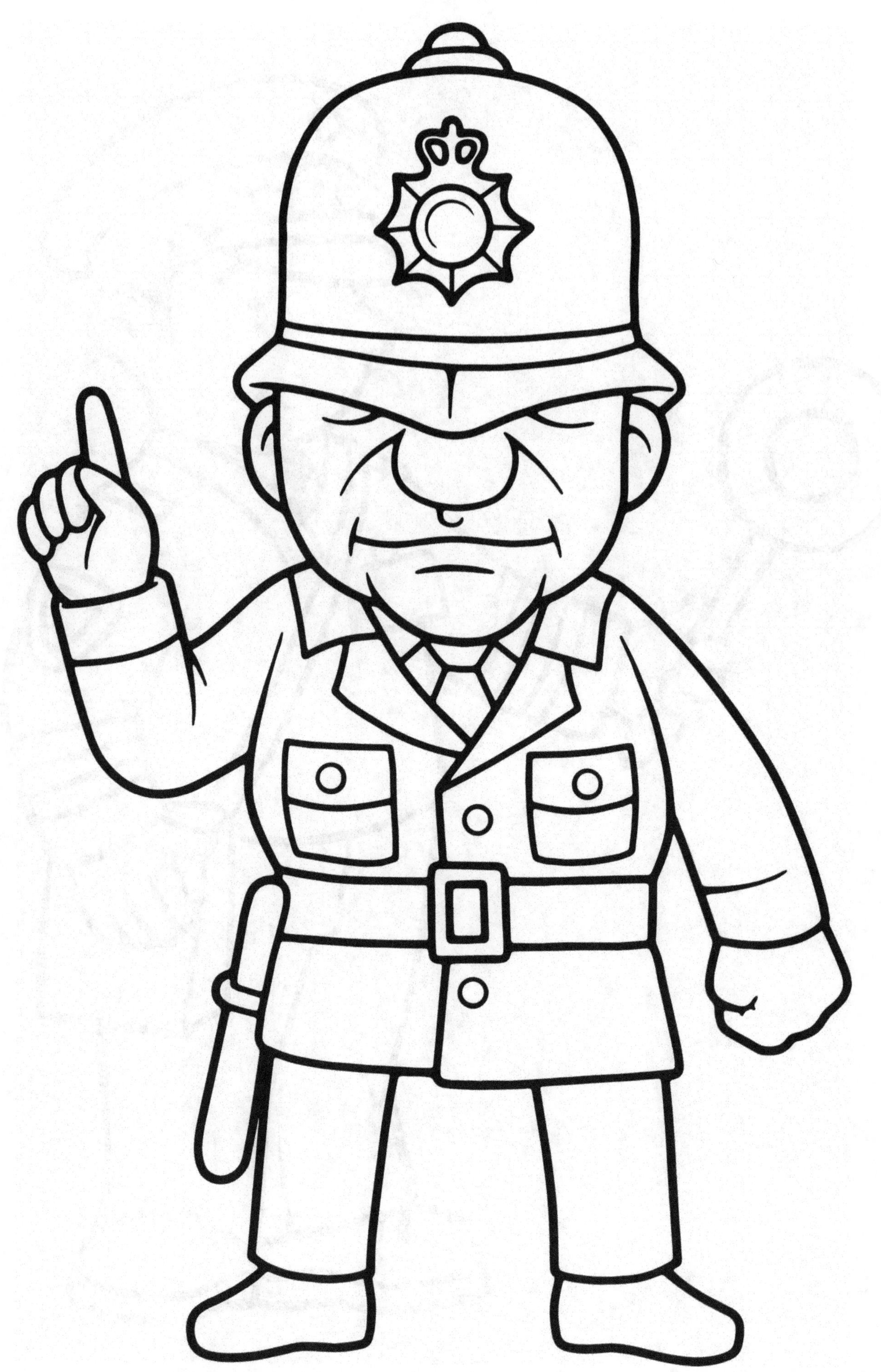

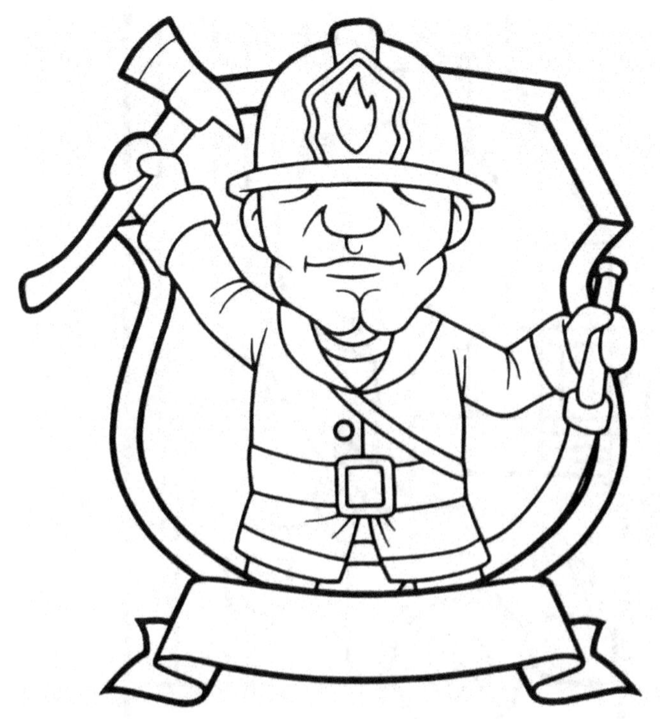

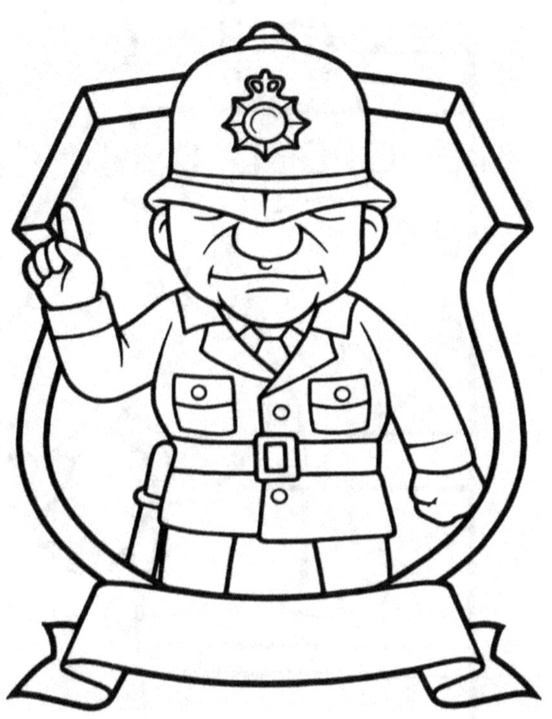

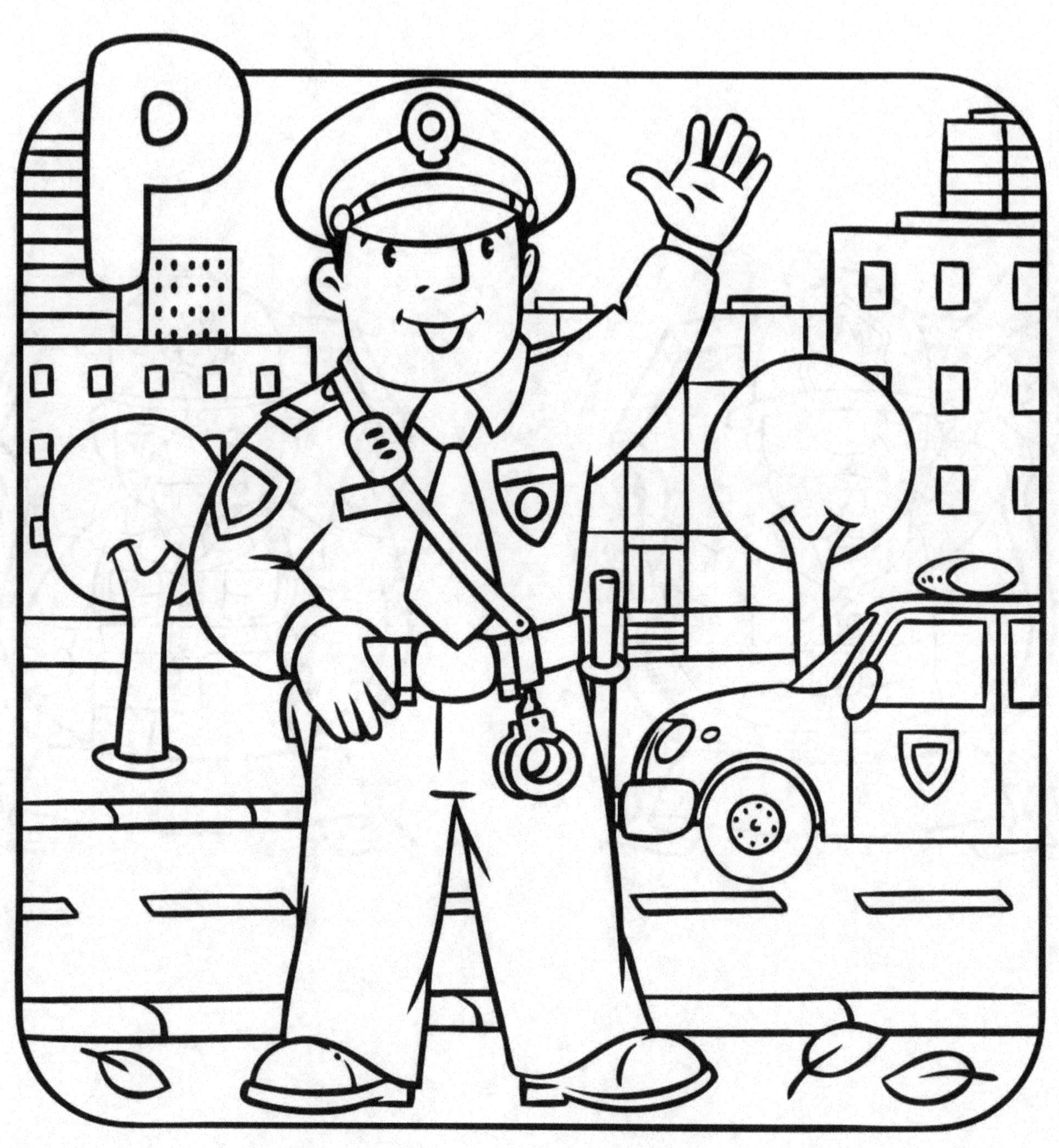

P

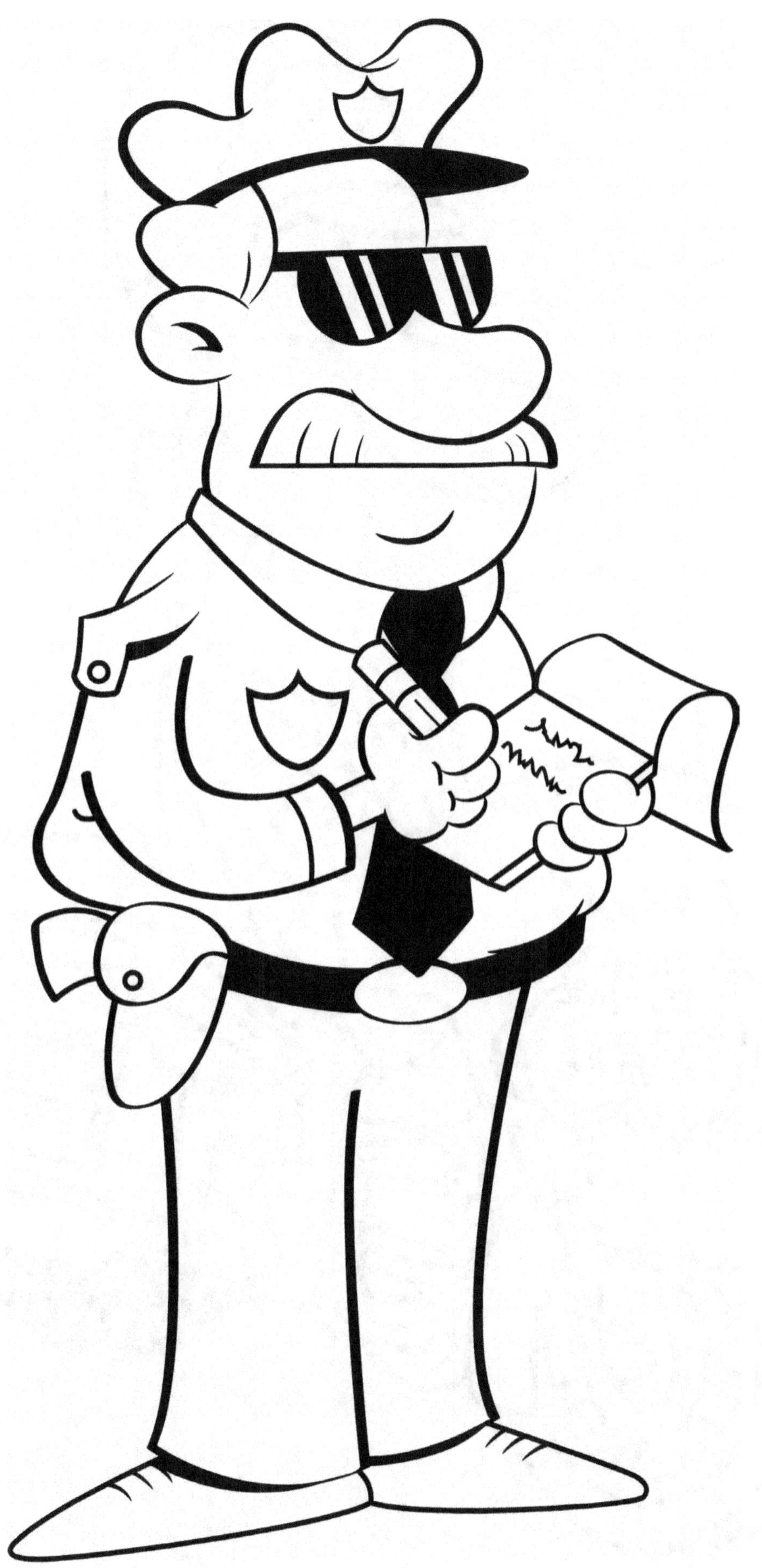

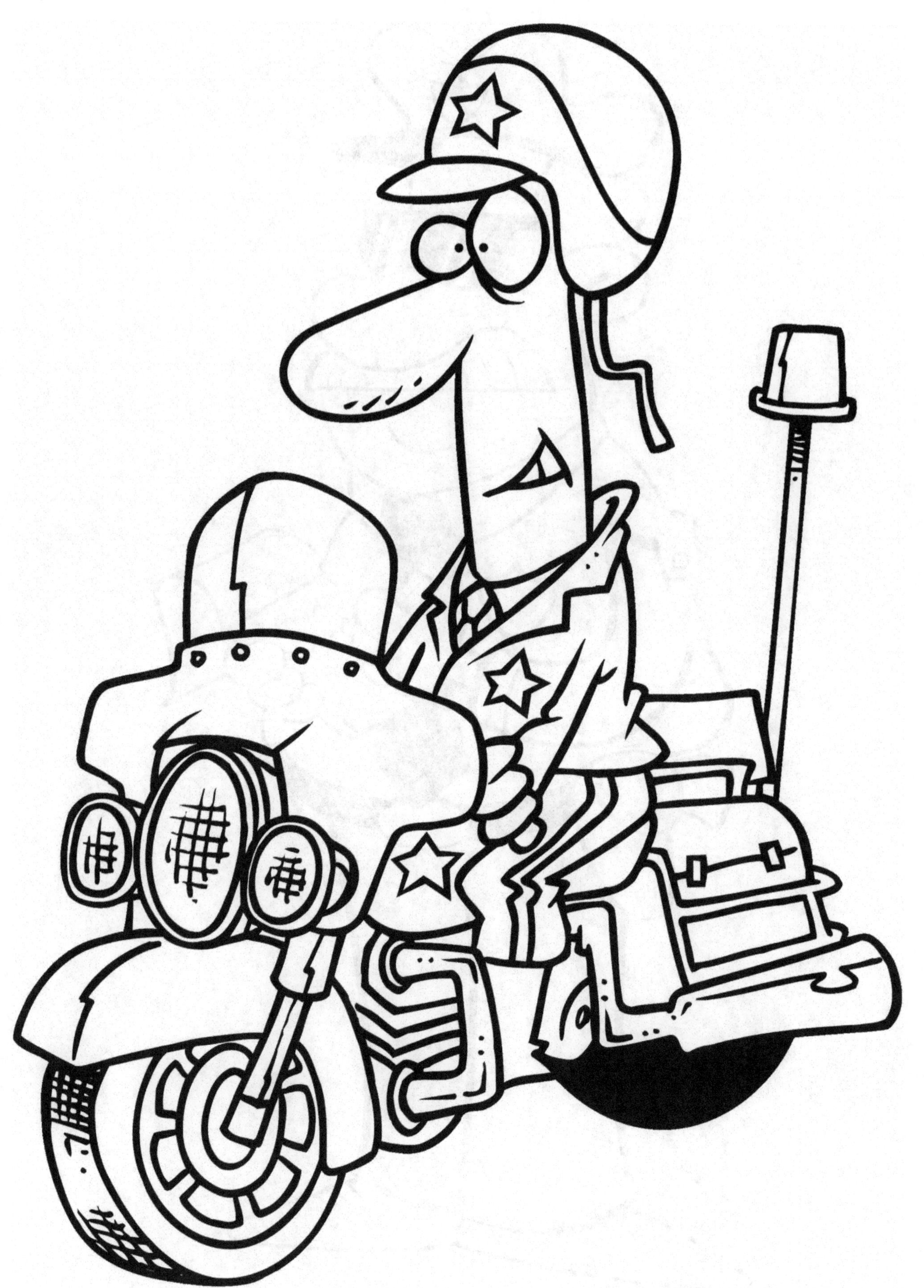

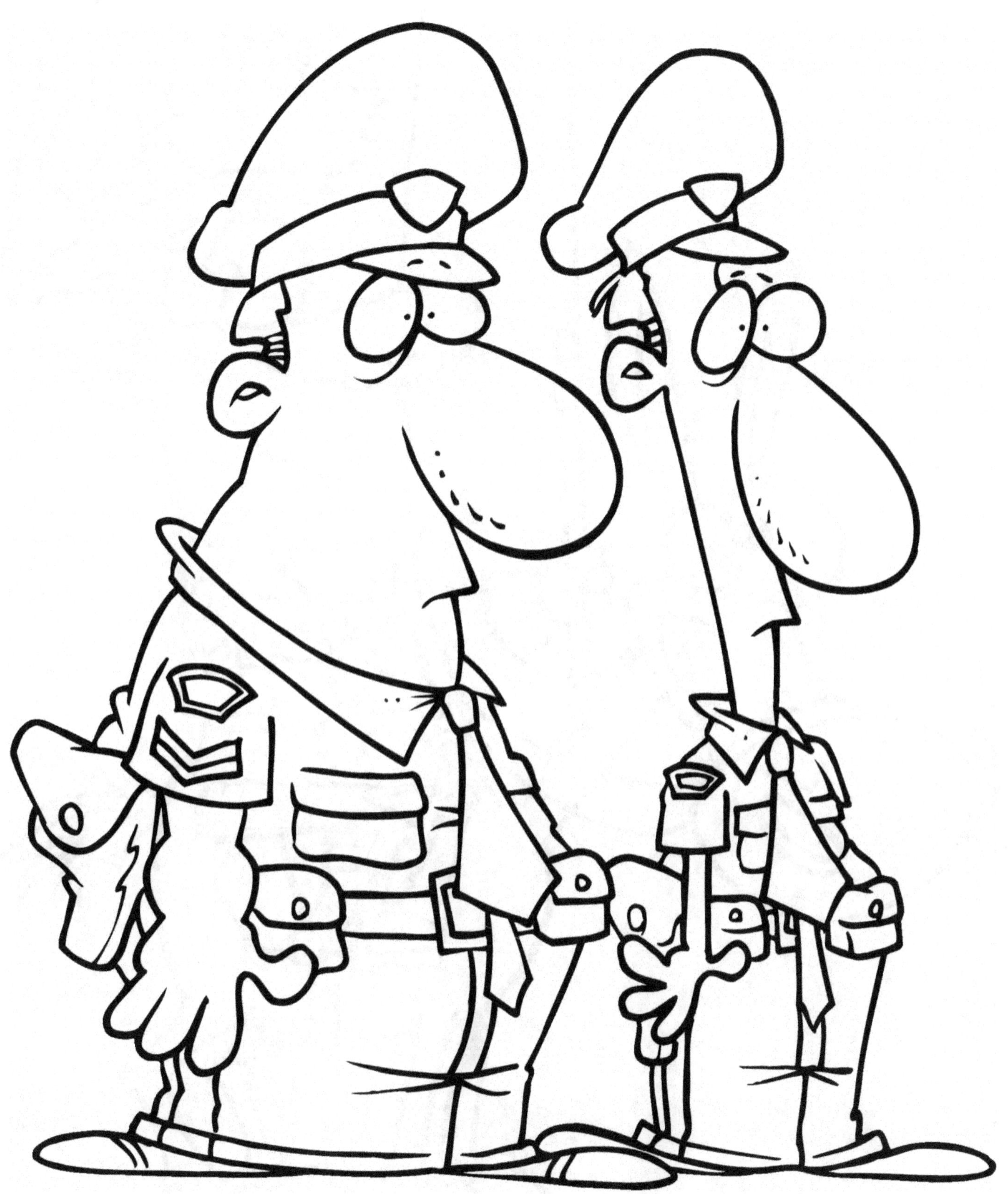

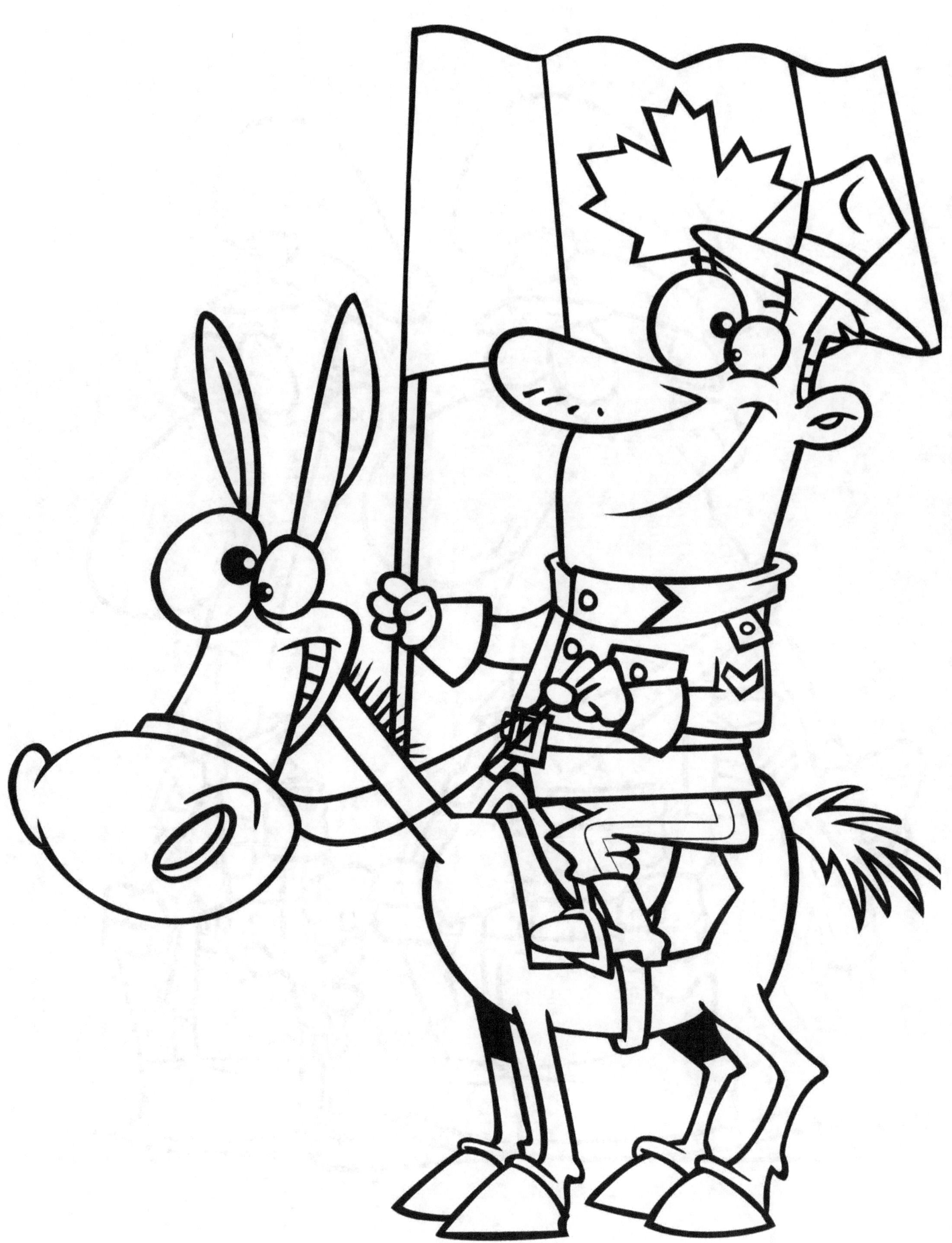

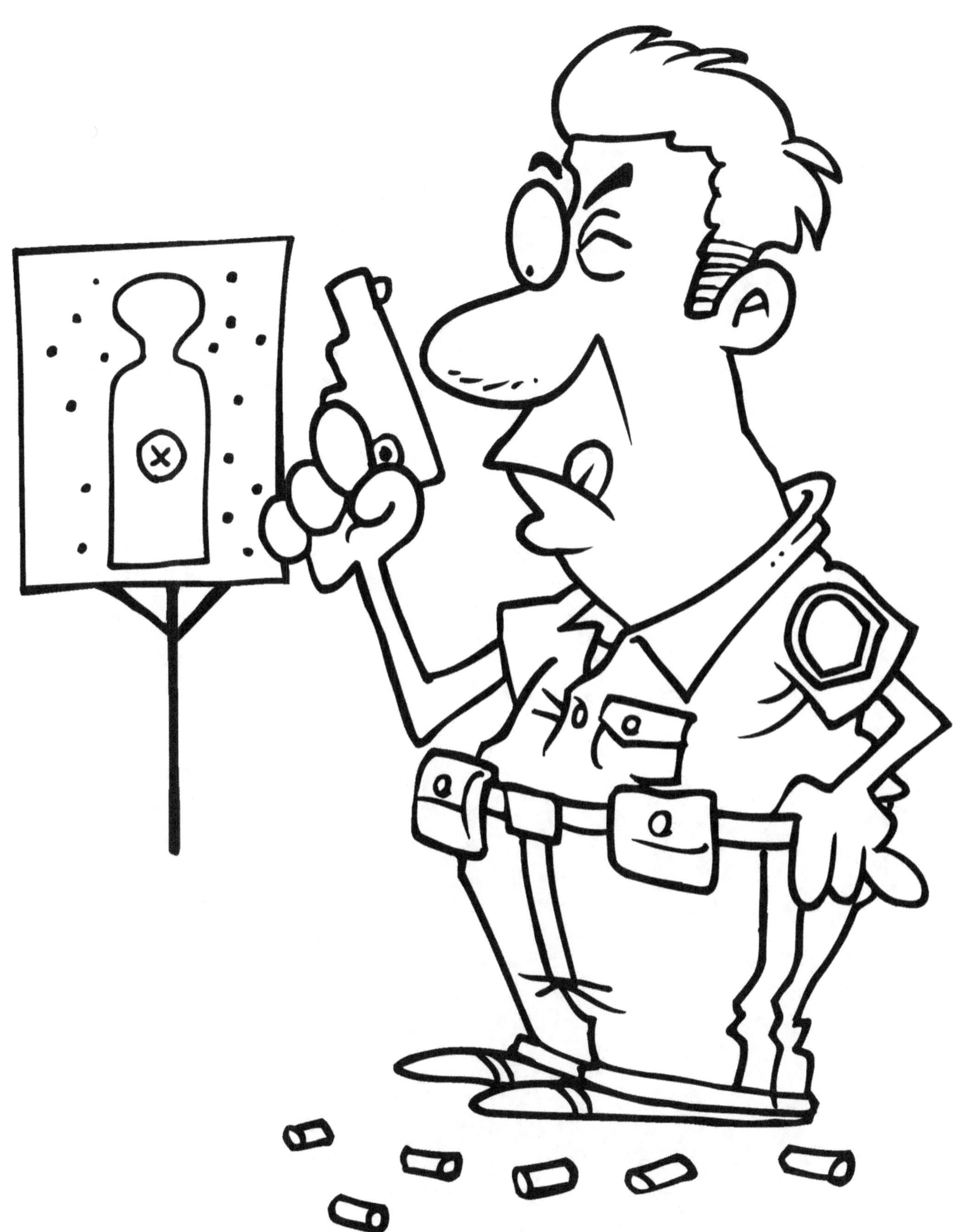